U0164545

心一堂術

數古籍珍

本叢刊

書名：風水正原（初集）
系列：心一堂術數古籍珍本叢刊　堪輿類　第二輯　156
作者：【清】余天藻
主編、責任編輯：陳劍聰
心一堂術數古籍珍本叢刊編校小組：陳劍聰　素聞　鄒偉才　虛白盧主

出版：心一堂有限公司
通訊地址：香港九龍旺角彌敦道六一〇號荷李活商業中心十八樓〇五一〇六室
深港讀者服務中心·中國深圳市羅湖區立新路六號羅湖商業大厦負一層〇〇八室
電話號碼：(852)67150840
網址：publish.sunyata.cc
電郵：sunyatabook@gmail.com
網店：http://book.sunyata.cc
淘寶店地址：https://shop210782774.taobao.com
微店地址：https://weidian.com/s/1212826297
臉書：https://www.facebook.com/sunyatabook
讀者論壇：http://bbs.sunyata.cc/

版次：二零一九年四月初版
平裝

定價：港幣　一百九十八元正
　　　新台幣　七百九十八元正

國際書號：ISBN 978-988-8582-55-6

版權所有　翻印必究

香港發行：香港聯合書刊物流有限公司
地址：香港新界大埔汀麗路36號中華商務印刷大厦3樓
電話號碼：(852)2150-2100
傳真號碼：(852)2407-3062
電郵：info@suplogistics.com.hk

台灣發行：秀威資訊科技股份有限公司
地址：台灣台北市內湖區瑞光路七十六巷六十五號一樓
電話號碼：+886-2-2796-3638
傳真號碼：+886-2-2796-1377
網絡書店：www.bodbooks.com.tw
台灣秀威書店讀者服務中心：
地址：台灣台北市中山區松江路二〇九號一樓
電話號碼：+886-2-2518-0207
傳真號碼：+886-2-2518-0778
網絡書店：http://www.govbooks.com.tw

中國大陸發行　零售：深圳心一堂文化傳播有限公司
深圳地址：深圳市羅湖區立新路六號羅湖商業大厦負一層〇〇八室
電話號碼：(86)0755-82224934

心一堂微店二維碼

心一堂淘寶店二維碼

心一堂術數古籍 珍本 整理 叢刊 總序

術數定義

術數，大概可謂以「推算（推演）、預測人（個人、群體、國家等）、事、物、自然現象、時間、空間方位等規律及氣數，並或通過種種『方術』，從而達致趨吉避凶或某種特定目的」之知識體系和方法。

術數類別

我國術數的內容類別，歷代不盡相同，例如《漢書‧藝文志》中載，漢代術數有六類：天文、曆譜、五行、蓍龜、雜占、形法。至清代《四庫全書》，術數類則有：數學、占候、相宅相墓、占卜、命書、相書、陰陽五行、雜技術等，其他如《後漢書‧方術部》、《藝文類聚‧方術部》、《太平御覽‧方術部》等，對於術數的分類，皆有差異。古代多把天文、曆譜、及部分數學均歸入術數類，而民間流行亦視傳統醫學作為術數的一環；此外，有些術數與宗教中的方術亦往往難以分開。現代民間則常將各種術數歸納為五大類別：命、卜、相、醫、山，通稱「五術」。

本叢刊在《四庫全書》的分類基礎上，將術數分為九大類別：占筮、星命、相術、堪輿、選擇、三式、讖諱、理數（陰陽五行）、雜術（其他）。而未收天文、曆譜、算術、宗教方術、醫學。

術數思想與發展——從術到學，乃至合道

我國術數是由上古的占星、卜筮、形法等術發展下來的。其中卜筮之術，是歷經夏商周三代而通過「龜卜、蓍筮」得出卜（筮）辭的一種預測（吉凶成敗）術，之後歸納並結集成書，此即現傳之《易

一

經》。經過春秋戰國至秦漢之際，受到當時諸子百家的影響、儒家的推崇，遂有《易傳》等的出現，原本是卜筮術書的《易經》，被提升及解讀成有包涵「天地之道（理）」之學。因此，《易‧繫辭傳》曰：「易與天地準，故能彌綸天地之道。」

漢代以後，易學中的陰陽學說，與五行、九宮、干支、氣運、災變、律曆、卦氣、讖緯、天人感應說等相結合，形成易學中象數系統。而其他原與《易經》本來沒有關係的術數，如占星、形法、選擇，亦漸漸以易理（象數學說）為依歸。《四庫全書‧易類小序》云：「術數之興，多在秦漢以後。要其旨，不出乎陰陽五行，生尅制化。實皆《易》之支派，傅以雜說耳。」至此，術數可謂已由「術」發展成「學」。

及至宋代，術數理論與理學中的河圖洛書、太極圖、邵雍先天之學及皇極經世等學說給合，通過術數以演繹理學中「天地中有一太極，萬物中各有一太極」（《朱子語類》）的思想。術數理論不單已發展至十分成熟，而且也從其學理中衍生一些新的方法或理論，如《梅花易數》、《河洛理數》等。

在傳統上，術數功能往往不止於僅僅作為趨吉避凶的方術，及「能彌綸天地之道」的學問，亦有其「修心養性」的功能，「與道合一」（修道）的內涵。《素問‧上古天真論》：「上古之人，其知道者，法於陰陽，和於術數。」數之意義，不單是外在的算數、歷數、氣數，而是與理學中同等的「道」、「理」──心性的功能，北宋理氣家邵雍對此多有發揮：「聖人之心，是亦數也」、「萬化萬事生乎心」、「心為太極」。《觀物外篇》：「先天之學，心法也。……蓋天地萬物之理，盡在其中矣，心一而不分，則能應萬物。」反過來說，宋代的術數理論，受到當時理學、佛道及宋易影響，認為心性本質上是等同天地之太極。天地萬物氣數規律，能通過內觀自心而有所感知，即是內心也已具備有術數的推演及預測、感知能力；相傳是邵雍所創之《梅花易數》，便是在這樣的背景下誕生。

《易‧文言傳》已有「積善之家，必有餘慶；積不善之家，必有餘殃」之說，至漢代流行的災變說及讖緯說，我國數千年來都認為天災，異常天象（自然現象），皆與一國或一地的施政者失德有關；下

至家族、個人之盛衰，也都與一族一人之德行修養有關。因此，我國術數中除了吉凶盛衰理數之外，人心的德行修養，也是趨吉避凶的一個關鍵因素。

術數與宗教、修道

在這種思想之下，我國術數不單只是附屬於巫術或宗教行為的方術，又往往是一種宗教的修煉手段—通過術數，以知陰陽，乃至合陰陽（道），即分為「術奇門」與「法奇門」兩大類。「其知道者，法於陰陽，和於術數。」例如，「奇門遁甲」術中，即分為「術奇門」與「法奇門」兩大類。「法奇門」中有大量道教中符籙、手印、存想、內煉的內容，是道教內丹外法的一種重要外法修煉體系。甚至在雷法一系的修煉上，亦大量應用了術數內容。此外，相術、堪輿術中也有修煉望氣（氣的形狀、顏色）的方法；堪輿家除了選擇陰陽宅之吉凶外，也有道教中選擇適合修道環境（法、財、侶、地中的地）的方法，以至通過堪輿術觀察天地山川陰陽之氣，亦成為領悟陰陽金丹大道的一途。

易學體系以外的術數與的少數民族的術數

我國術數中，也有不用或不全用易理作為其理論依據的，如揚雄的《太玄》、司馬光的《潛虛》。也有一些占卜法、雜術不屬於《易經》系統，不過對後世影響較少而已。

外來宗教及少數民族中也有不少雖受漢文化影響（如陰陽、五行、二十八宿等學說。）但仍自成系統的術數，如古代的西夏、突厥、吐魯番等占卜及星占術，藏族中有多種藏傳佛教占卜術、苯教占卜術；北方少數民族有薩滿教占卜術；不少少數民族如水族、白族、布朗族、佤族、彝族、苗族等，皆有占雞（卦）草卜、雞蛋卜等術，納西族的占星術、占卜術，彝族畢摩的推命術、占卜術……等等，都是屬於《易經》體系以外的術數。相對上，外國傳入的術數以及其理論，對我國術數影響更大。

曆法、推步術與外來術數的影響

我國的術數與曆法的關係非常緊密。早期的術數中，很多是利用星宿或星宿組合的位置（如某星在某州或某宮某度）付予某種吉凶意義，并據之以推演，例如歲星（木星）、月將（某月太陽所躔之宮次）等。不過，由於不同的古代曆法推步的誤差及歲差的問題，若干年後，其術數所用之星辰的位置，已與真實星辰的位置不一樣了；此如歲星（木星），早期的曆法及術數以十二年為一周期（以應地支），與木星真實周期十一點八六年，每幾十年便錯一宮。後來術家又設一「太歲」的假想星體來解決，是歲星運行的相反，週期亦剛好是十二年。而術數中的神煞，很多即是根據太歲的位置而定。又如六壬術中的「月將」，原是立春節氣後太陽躔娵訾之次，當時沈括提出了修正，但明清時六壬術中「月將」仍然沿用宋代沈括修正的起法沒有再修正。

由於以真實星象周期的推步術是非常繁複，而且古代星象推步術本身亦有不少誤差，大多數術數除依曆書保留了太陽（節氣）、太陰（月相）的簡單宮次計算外，漸漸形成根據干支、日月等的各自起例，以起出其他具有不同含義的眾多假想星象及神煞系統。唐宋以後，我國絕大部分術數都主要沿用這一系統，也出現了不少完全脫離真實星象的術數，如《子平術》、《紫微斗數》、《鐵版神數》等。後來就連一些利用真實星辰位置的術數，如《七政四餘術》及選擇法中的《天星選擇》，也已與假想星象及神煞混合而使用了。

隨着古代外國曆（推步）、術數的傳入，如唐代傳入的印度曆法及術數，元代傳入的回回曆等，其中我國占星術便吸收了印度占星術中羅睺星、計都星等而形成四餘星，又通過阿拉伯占星術而吸收了其中來自希臘、巴比倫占星術的黃道十二宮、四大（四元素）學說（地、水、火、風），並與我國傳統的二十八宿、五行說、神煞系統並存而形成《七政四餘術》。此外，一些術數中的北斗星名，不用我國傳統的星名：天樞、天璇、天璣、天權、玉衡、開陽、搖光，而是使用來自印度梵文所譯的：貪狼、巨

門、祿存、文曲、廉貞、武曲、破軍等，此明顯是受到唐代從印度傳入的曆法及占星術所影響。如星命術中的《紫微斗數》及堪輿術中的《撼龍經》等文獻中，其星皆用印度譯名。及至清初《時憲曆》，置閏之法則改用西法「定氣」。清代以後的術數，又作過不少的調整。

此外，我國相術中的面相術、手相術，唐宋之際受印度相術影響頗大，至民國初年，又通過翻譯歐西、日本的相術書籍而大量吸收歐西相術的內容，形成了現代我國坊間流行的新式相術。

陰陽學——術數在古代、官方管理及外國的影響

術數在古代社會中一直扮演着一個非常重要的角色，影響層面不單只是某一階層、某一職業、某一年齡的人，而是上自帝王，下至普通百姓，從出生到死亡，不論是生活上的小事如洗髮、出行等，大事如建房、入伙、出兵等，從個人、家族以至國家，從天文、氣象、地理到人事、軍事，從民俗、學術到宗教，都離不開術數的應用。我國最晚在唐代開始，已把以上術數之學，稱作陰陽（學），行術數者稱陰陽人。（敦煌文書、斯四三二七唐《師師漫語話》：「以下說陰陽人謾語話」，此說法後來傳入日本，今日本人稱行術數者為「陰陽師」）。一直到了清末，欽天監中負責陰陽術數的官員中，以及民間術數之士，仍名陰陽生。

古代政府的中欽天監（司天監），除了負責天文、曆法、輿地之外，亦精通其他如星占、選擇、堪輿等術數，除在皇室人員及朝庭中應用外，也定期頒行日書、修定術數，使民間對於天文、日曆用事吉凶及使用其他術數時，有所依從。

我國古代政府對官方及民間陰陽學及陰陽官員，從其內容、人員的選拔、培訓、認證、考核、律法監管等，都有制度。至明清兩代，其制度更為完善、嚴格。

宋代官學之中，課程中已有陰陽學及其考試的內容。（宋徽宗崇寧三年〔一一零四年〕崇寧算學令：「諸學生習……並曆算、三式、天文書。」「諸試……三式即射覆及預占三日陰陽風雨。天文即預

定一月或一季分野災祥，並以依經備草合問為通。」

金代司天臺，從民間「草澤人」（即民間習術數人士）考試選拔：「其試之制，以《宣明曆》試推步，及《婚書》、《地理新書》試合婚、安葬，並《易》筮法，六壬課、三命、五星之術。」（《金史》卷五十一·志第三十二·選舉一）

元代為進一步加強官方陰陽學對民間的影響、管理、控制及培育，除沿襲宋代、金代在司天監掌管陰陽學及中央的官學陰陽學課程之外，更在地方上增設陰陽學課程（《元史·選舉志一》：「世祖至元二十八年夏六月始置諸路陰陽學。」）地方上也設陰陽學教授員，於路、府、州設教授員，培育及管轄地方陰陽人。（《元史·選舉志一》：「（元仁宗）延祐初，令陰陽人依儒醫例，於路、府、州設教授員，凡陰陽人皆管轄之，而上屬於太史焉。」）自此，民間的陰陽術士（陰陽人），被納入官方的管轄之下。

至明清兩代，陰陽學制度更為完善。中央欽天監掌管陰陽學，明代地方縣設陰陽學正術，各州設陰陽學典術，各縣設陰陽學訓術。陰陽人從地方陰陽學肄業或被選拔出來後，再送到欽天監考試。（《大明會典》卷二二三：「凡天下府州縣舉到陰陽人堪任正術等官者，俱從吏部送（欽天監），考中，送回選用；不中者發回原籍為民，原保官吏治罪。」）清代大致沿用明制，凡陰陽術數之流，悉歸中央欽天監及地方陰陽官員管理、培訓、認證。至今尚有「紹興府陰陽印」、「東光縣陰陽學記」等明代銅印，及某某縣某某之清代陰陽執照等傳世。

清代欽天監漏刻科對官員要求甚為嚴格。《大清會典》「國子監」規定：「凡算學之教，設肄業生。滿洲十有二人，蒙古、漢軍各六人，於各旗官學內考取。漢十有二人，於舉人、貢監生童內考取。附學生二十四人，由欽天監選送。教以天文演算法諸書，五年學業有成，舉人引見以欽天監博士用，貢監生童以天文生補用。」學生在官學肄業、貢監生肄業或考得舉人後，經過了五年對天文、算法、陰陽學的學習，其中精通陰陽術數者，會送往漏刻科。而在欽天監供職的官員，《大清會典則例》「欽天監」規定：「本監官生三年考核一次，術業精通者，保題升用。不及者，停其升轉，再加學習。如能黽

勉供職，即予開復。仍不及者，降職一等，再令學習三年，能習熟者，准予開復，仍不能者，黜退。」

除定期考核以定其升用降職外，《大清律例》中對陰陽術士不準確的推斷（妄言禍福）是要治罪的。

《大清律例‧一七八‧術七‧妄言禍福》：「凡陰陽術士，不許於大小文武官員之家妄言禍福，違者杖

一百。其依經推算星命卜課，不在禁限。」大小文武官員延請的陰陽術士，自然是以欽天監漏刻科官員

或地方陰陽官員為主。

官方陰陽學制度也影響鄰國如朝鮮、日本、越南等地，一直到了民國時期，鄰國仍然沿用著我國的

多種術數。而我國的漢族術數，在古代甚至影響遍及西夏、突厥、吐蕃、阿拉伯、印度、東南亞諸國。

術數研究

術數在我國古代社會雖然影響深遠，「是傳統中國理念中的一門科學，從傳統的陰陽、五行、九

宮、八卦、河圖、洛書等觀念作大自然的研究。……傳統中國的天文學、數學、煉丹術等，要到上世紀

中葉始受世界學者肯定。可是，術數還未受到應得的注意。術數在傳統中國科技史、思想史、文化史、

社會史，甚至軍事史都有一定的影響。……更進一步了解術數，我們將更能了解中國歷史的全貌。」

（何丙郁《術數、天文與醫學中國科技史的新視野》，香港城市大學中國文化中心。）

可是術數至今一直不受正統學界所重視，加上術家藏秘自珍，又揚言天機不可洩漏，「（術數）乃

吾國科學與哲學融貫而成一種學說，數千年來傳衍嬗變，或隱或現，全賴一二有心人為之繼續維繫，賴

以不絕，其中確有學術上研究之價值，非徒癡人說夢，荒誕不經之謂也。其所以至今不能在科學中成立

一種地位者，實有數因。蓋古代士大夫階級目醫卜星相為九流之學，多恥道之；而發明諸大師又故為恍

恍迷離之辭，以待後人探索；間有一二賢者有所發明，亦秘莫如深，既恐洩天地之秘，復恐譏為旁門左

道，始終不肯公開研究，成立一有系統說明之書籍，貽之後世。故居今日而欲研究此種學術，實一極困

難之事。」（民國徐樂吾《子平真詮評註》，方重審序）

心一堂術數古籍珍本叢刊

現存的術數古籍，除極少數是唐、宋、元的版本外，絕大多數是明、清兩代的版本。其內容也主要是明、清兩代流行的術數，唐宋或以前的術數及其書籍，大部分均已失傳，只能從史料記載、出土文獻、敦煌遺書中稍窺一鱗半爪。

術數版本

坊間術數古籍版本，大多是晚清書坊之翻刻本及民國書賈之重排本，其中豕亥魚魯，或任意增刪，往往文意全非，以至不能卒讀。現今不論是術數愛好者，還是民俗、史學、社會、文化、版本等學術研究者，要想得一常見術數書籍的善本、原版，已經非常困難，更遑論如稿本、鈔本、孤本等珍稀版本。

在文獻不足及缺乏善本的情況下，要想對術數的源流、理法、及其影響，作全面深入的研究，幾不可能。

有見及此，本叢刊編校小組經多年努力及多方協助，在海內外搜羅了二十世紀六十年代以前漢文為主的術數類善本、珍本、鈔本、孤本、稿本、批校本等數百種，精選出其中最佳版本，分別輯入兩個系列：

一、心一堂術數古籍珍本叢刊
二、心一堂術數古籍整理叢刊

前者以最新數碼（數位）技術清理、修復珍本原本的版面，更正明顯的錯訛，部分善本更以原色彩色精印，務求更勝原本。并以每百多種珍本、一百二十冊為一輯，分輯出版，以饗讀者。

後者延請、稿約有關專家、學者，以善本、珍本等作底本，參以其他版本，古籍進行審定、校勘、注釋，務求打造一最善版本，方便現代人閱讀、理解、研究等之用。

限於編校小組的水平，版本選擇及考證、文字修正、提要內容等方面，恐有疏漏及舛誤之處，懇請方家不吝指正。

心一堂術數古籍 珍本 叢刊編校小組
整理

二零零九年七月序
二零一四年九月第三次修訂

八

同治元年壬戌新鐫

安溪余天藻先生手著

風水正原

重刊安溪地話小引

古語云施藥不如傳方誠以藥之所施者狹而方

之所傳者廣醫道如是凡類於醫可以救時變而

回人心者亦莫不如是余少業堪輿數十年中所

遇者皆擇法兩家欲求精於形家者百無一人始

遇叙州府天藻余老先生於榮邑接膝談心知於

形家三折肱矣惜未著書以傳別十餘年後經壁

邑讀風水正原初集與安溪地話二集知出先生

手說理辨形明白如話不煩言而　　解如讀白傅

詩雖老嫗孺子都能領解實地理辨正後之一善

著作也因极存富井不意兵燹後竟遭回祿一字

無存余再三訪尋幸於壁邑南關外鄧姓處藏有

遺本抄寫難遍何以袁先生救世之婆心與半生

攻苦之力學垂諸不朽也歛袋約同舊諸君各頃

囊橐共勸盛舉重付棗栗俾先生之書紹楊公之

心傳作形家之要領救一方以救天下救一時以

救萬世則庶乎先生之苦心亦詣不致湮沒余實

幸甚斯道幸甚

巴邑南峰劉瑞田謹識

壁邑受業 嵩培德
張培厚 同訂

光緒五年己卯蒲月
穀旦

璧邑梓人曾級三敬刊

板存川東璧邑

城內禹王廟凡

有印送者自備

紙張不取板資

風水正原

敍

余道光三年遊泮。銳意科名。越次年。先祖棄世。家
中不利。時時損丁。請地師相祖塋。皆云不吉而議
改葬。後得陳龍岡先生所說。又異。余曰道一而
論名殊。何也。先生曰地理壞極。舉世習卦例。予學形
家。故與人殊。予讀書人。何不取形家書觀之。余痛
祖塋不吉。人丁有虧。鄉薦又不售。遂棄科場而習

地學集形家書數十種及覆研求隨師登山觀龍
察穴考驗舊墳辨疑問難累月窮年方知形家之
是卦例之非整飭祖塋丁口方吉為父母求地數
年不就自知德薄不敢強求時天下刀兵四起惟
蜀中無恙大興宣講勸化世人余從許師宣講數
年真心實意苦口勸人自己身體力行作善書六
七部俱刻行世而父母之地始成將所見所行筆
之於書咸豐九年蜀中有難延至富順余辟難三

多寨中續成此書竊思天地之氣原有清濁骸骨
塟吉地得清氣產吉人塟凶地得濁氣產凶人吉
人多則天下治凶人多則天下亂是天下之壞由
人心之壞人心之壞由於地理之壞欲挽廻世道
莫如挽廻地理欲挽廻地理莫如積德本正則末
端源清則流潔仁人君子上爲父母下爲兒孫不
走錯路多生忠孝廉士不生奸盜邪人永享太平
之福矣

四川敘州府文生 安溪余天藻自記

咸豐十一年辛酉歲仲冬月

穀旦

敘地理

易曰。在地成形。故地理號形家形者山峙川流成

水火金木土五材之形天生五材民並用之五材

者五行也朱子云天以陰陽五行之理化生萬物

又曰俯以察於地理地理者條理也山有尖員方

曲水有來去直橫莫不各有條理俯察者用目力

以察地之條理也古人升虛望楚陟巘降原相其

陰陽觀其流泉自是察山之尖員方曲。水之來去

直橫羅經不過藉以辨山向便於擇日期相地全

不繫乎此也。

自唐時一行禪師地理精妙唐命偽造宗廟水法、

卦倒顛倒五行以滅外國後人趨利改頭換尾冒

姓假名。又偽造數十種謂之法家寺講方位。大都

炫長道短騁智驚愚以取財利大失本來之面目

矣庸愚固覽以訛傳訛見盤針恍動以為奇物又

病豎陟之勞。不如坐談之易。術士便之。主人又便之習俗相沿。不可救藥。故以形勢論地者百無一二。以方位論地者比比皆然。以為地理之權衡在是矣。

袁守定云地理之學愈學愈難。行到老學不到。果如法家看著羅經算個掌訣。卽得真龍真穴發富發貴得地。如此之易天下無貧賤人矣。何羣地多。而富貴少也。可知法家之非也。故以形勢斷地禍

四

改地理

準而福亦準以方位斷地。禍準而福不準。盤皆
是禍安得有福耶。縱有準者亦必法與形合若法
合而形不合斷未有準者。今人不察其福不準只
見其禍準覆轍相循死而不悟究其癸端大約有
二。一以法家為父師相傳已久非有上智焉能破
俗弊在不明一以形勢論地有憑有則難以愚人
利輩家不利術家以方位論地有名無實吉凶無
憑易於說詑不利輩家利術家故執其說而不變

樊在挾詐諸先師關之殆盡。
乃邇而有號理氣家聞其說者以為彼所談者理
也。顧可非耶不知朱子云氣以成形而理亦附焉
理氣即在形勢中無形何理捨勢何氣又有原其
說者謂形勢為體理氣為用不知唐虞云積德為
求地之本地理猶是用耳竊思地理本術數之學
非實大善大惡數不能拘小善小惡術不能
逃孟子曰盡信書則不如無書吾於武成取二三

筴而已吾於地理亦取二三筴而已第一、取積德
第二、取形勢以外不取形勢書多無俟再言至於
積德必躬行孝弟忠信禮義廉恥與一切濟人利
物之事實實在在方是若諂媚鬼神空言無實則
非卜、仙云積善獲吉積惡招凶無德之人不必與
之論矣有德者擇用形家應免自誤

批

地理錯誤千餘年矣此書忽出淺見者定是大驚

小怪。然余苦心考究三十年，地理正轉定是如此

特為有德者計，非為無德者言。有德者信之，無德

者拒之、習假術哄人錢者惡之。冥冥中有主宰，不

可強，亦不必強也。

俗言茅屋出公卿定識人家蕹好墳惟嶽降神生

申甫文宣刪訂有明徵

地凶一定產凶人擾亂江山不太平但看眼前奸

賊輩家家都有惡墳塋

風水正原無別心祇求個個蕹佳城多生賢士盡

忠孝輔佐

皇朝萬萬春

跋

楊曾道晦千餘年舉世堪輿醉夢間應是斯文天

未喪特教此老接真傳

頁生　竹亭王　吉

跋

形勢山川自古憑栽培心地悟三乘正原一集留

心肴可作堪輿暗室燈

廩生　木村朱　夏

跋

山形水勢本常經卦例訛傳假混真誤盡蒼生誰

文生勉齋王輔廷

喚醒指迷端賴過來人

跋

受業文生 小臣余贊襄

此道家若素譜之嘗憂卦例誤當時狂瀾既倒誰

能挽正本清原賴我師

目錄

形勢宜精　　穴宜栽培

墳生泥水　　德不足

發家人　　　地宜善求

尅財人　　　積德守地

受善言　　　輕利

鵝塘地　　　行道

訓後　　　　雜說

朱子山陵議狀　附選擇

風水正原集

四川　敘州府
富順縣　文生　安溪余天藻著
小臣余贊襄校

辨僞

楊曾地理本是中庸之道造假術者以爲平常不便取利直欲駕楊曾而上講易繫以易爲文字之始其術高矣又有欲益之而講河洛更有欲益之而講太極先天又有謂地理本楊曾是後人且吾

術高傳自九天玄女又有謂吾術益高傳自玄女
之姊又有謂吾術更高傳自玄女之母又有謂玄
女猶是人耳吾玄空之術尚未有人高之又高其
妄誕如此

更有欲壓倒地理講天星取名挨星世傳楊公九
星貪狼巨門祿存文曲廉貞武曲破軍輔弼然貪
狼凶名也而以為吉祿存文曲廉貞吉名也而以
為凶張子微不取九星已有其論然星卦假書多

爭挨星玄空名色以形其書輔星說他是挨星三

合說他是挨星生旺奴洩殺說他是挨星三元說

他是挨星又是大玄空欲兼兩樣以外尚多難以

枚舉。九星用以分水火木金土五行則是若因名

色以定吉凶則非。

不知玄者虛也空者無也。本屬虛無作者已微露

其意而世人不知其愚昧如此再考催官天星謂

夏月納涼天官家談星宿竊而聽之作催官篇凡

講天星皆此類也三合謂舟中得異人傳道一同

妄誕如此識破毫無趣味、

詩曰

談星論宿在天廷。　豈有凡夫得聽聞。

此是作書來歷處。　明人仔細揣其情。

如何世上執迷者。　尚在紛紛習此書。

玄是虛兮空是無。　顧名已識子虛烏。

凡講天星在天文非無此星地理用之全是勉強。

附會吾見用天星以改坟宅敗絶者百有餘家决

不可信。

關卦例歌

朱文公云第一要緊看巒頭有了巒頭穴可求若
是巒頭不齊整縱合天星也是浮

廖公云卦為例者誤人多無龍無穴事如何任爾
裝成天上卦等閒家計落傾坡

楊公云下穴不裝諸卦例登山何必照羅經又云
不論五音諸卦例但求好主對賢賓

諸葛孔明云山川形勢天地生成天星卦例人所

造作豈能以星卦旋轉山川之形勢乎故曰山形

有準卦例無憑。

劉伯溫云。一行禪師術數精故意偽造卦例經宗

廟五行從此設顛倒用來假混真當初主意滅外

國今反自害中華人嘗覆人家舊祖墳據此水法

斷不靈合者人家財產退不合之家反富貴所以

真龍與真穴。至今尚存待有德

楊公云山水不問吉凶方吉在凶方亦富強斜側

急流尖直射雖居吉位也衰亡。

許亮云何用天星何用卦水金定然此言差禄馬

貴人催官説到頭終是敗人家水金羅盤也

賴公云內外之水無不廻環內外之山無不拱顧

自成富貴大地不須卦例而亦吉也。

溪仙云世傳卦例亂紛紛有凶無吉誤殺人地理

若除形勢外家家都是混談經

堪輿自古號形家離却山川形字差但藉羅經分

閣卦例歌

坐向空談方位總虛花盲師不解君休慍學士隨聲我獨嗟欲識楊曾真面目形書讀罷走天涯楊曾大道本中庸卦倒爭鳴失正宗予口嘵嘵非好辨欲除邪說救愚蒙

地理者按地講理假術在羅盤上講地理羅盤上無地安得有理耶水法者水之去來要合法假術在羅盤上講水法羅盤上無水安用其法耶此理明白易曉而世多執迷不悟豈非該受假術之害。

也耶。

習卦例者輒謂有秘訣却不想天下事。邪術才有秘訣除邪術外學聖學賢求富求貴都是中庸之道並無秘訣何獨於地理有秘訣乎謂有秘訣者假術也。又有譏其不知卦例妙用者不知孟天其云予或不知而先賢關卦例者知否仰觀俯察莫過於孔明伯溫二師而考其所著至寶錄與堪輿寶鏡俱將卦例關之殆盡此二師尚不知乎噫言至此而

猶信卦例者。無德之家。該受其害也。

一貫堪輿。載楊公倒杖法云。形勢肯定開井只看
穴星面上大小八字毡簷合襟肯定明白以杖放
基口中上對毡簷下對合襟隨其得何坐向用羅
經討出山向便於擇日期耳決不依羅經妄信諸
般卦例消水以致坐向歪斜內失生氣外失堂氣
有誤大事朱士遠曰俗師認不得形勢全靠羅經
可言亂道欺已瞞人以取針錢殊為可笑

習卦例地師

吾鄉夜姓習三合死無葬板一子飄流登姓習三
合家傾子亡。自看一祠常出遞案佘姓習三合兒
孫亂倫作賊皇姓習淨陰淨陽改余姓墳數年財
盡人絕葬楊姓墳十年死十五人柳姓習三元父
墓屢遷有水僧姓習三合立余祖碑十年死十三
人立余祠碑八年死族首五人房首十餘人通族、
財如沙崩在吾鄉盛行一鄉具敗他數年獲數百

金亦數年敗盡以外尚有講天星挨星大小玄空

生旺奴洩煞者皆少有結局也

或問三合諸法語太荒謬固不可信至於三元本

於大易亦不可信乎不知大易必待卜著而後可

定吉凶豈如此一定成規可定乎況易者通易變

易也如此穿鑿附會亦何事而不可勉強加之

或問少讀書者不知正理固也舉人進士亦學三

元天星彼尚不知其非乎余曰通天地人之道曰

儒者之學中庸博學節註程子曰五者廢其一

、非學地學亦然先求名師登山指示熟識巒頭用

五者之功累月窮年且行且學楊曾廖賴仙師學

地皆如是而後能精今之貴人淺嘗一書隨聲附

和不求進步博學無聲勢高豈肯求教術士審問

無讀書人視藝為小道愼思無名望重誰敢面說

其非明辨無祇有篤行縱有博學又好談虛理不

求實著兼之步履艱難巒頭怎熟縱或登山不過

數日豈能累月窮年乎既無五者之功又少兩足
之力觀書了然登山茫然識書不識山猶如瞎子
一般看如此學地安能造其極哉不能造其極又
安能知其是非哉

形家正書

形家書引人易入者如雪心賦六圍地學啖蔗錄
地理五十段山洋指迷天機會元入式歌發微論

統一全書撼龍經、疑龍經皆言形勢。一貫堪輿地
學求眞參有法家語擇而用之可也。以外形家書
尚多自求看之。

書有眞假、眞書詞語明顯。是非得失慷慨直言繁
要處反覆詳明恐人不知。假書多有禪語不要繁
處娓娓而談要緊處半吞半吐。怕人盡知其佯無
知妄作與隨聲附和者無論矣。亦有深知地理郤
不肯開心見腸一部書中既關星卦之非又說星

卦之是自相矛盾又有借古人書添星卦卦在內勉

強附會首尾不符凡為此者因形勢難以愚人星

卦可以說誑暗藏機心欲人口傳心授以為取財

地步非眞以星卦為是也果眞楊曾廖頼之書只

有形勢並無星卦間有數語是後人添改誑以傳

誑耳善觀書者自能察其微

作穴立向

凡作穴立向。無論久墓暫墳俱宜中正不可偏斜。

坐山要坐中向山要向中不可偏左偏右。一有偏

龍虎朝案明堂沙水皆斜。經云來脈明堂不可偏

又云水若斜飛起大災。雖佳穴有禍無福矣試觀

富貴家其發福之墳定是中正必無歪斜偏倒有

明徵也蓋中者天下之正道堯舜相傳都是一中。

然中無定體隨時而在一物一太極此形家作穴

法也自法家書出術士認不得山形水勢與山之
背面所作之穴多歪斜偏側少有中正者殯穴九
歪斜難堪甚至有脚踏山頭指空者往往下地禍
生害人不淺再觀今日歪斜偏側之墳只有窮敗
並無發富貴者經云驗禍福於正不正者此也
葬地要佳人知之至於殯地雖無龍穴定要周正
吾見楊姓倒殯半月死二人張姓倒殯一月官非
如林自此傾家以外歪斜損財丁者極多

陽宅門向

陽宅首重大門者以大門爲氣口也張宗道云大
門者氣口也如人之口口正便於呼吸飲食人之門
正便於順納堂氣人物出入博山篇云門中正家
道成廖公云市居必要傍街衢向首理難拘村居
必要龍神落向首隨龍作此正理也或有惡殺當
前如巷衝路射等類又宜達權通變趨吉避凶或
左或右以開之切不可無故朝来水邊揀水作向

至於向云水方者更無理矣今方位家不知氣口
之義誤以遊年星輪數八宅方向少開正門多在
左右及兩角此係偽造邪說斷斷不可從也此特
舉其一端尚有竹節貫井謬論紛紛難以盡闢智
者詳之無惑

門宜正向若依遊年星偏向吾見陳姓門偏左長
房絕阮姓門偏者少房絕王姓門偏右出癩婦范
姓門偏左貴人於亡以外尚多

積德詞

唐彪曰古人云求地為致福之基積德為求地之

本未得地當積德以求之既得地當積德以守之

是以後代鼎盛綿遠故陶侃孝而得牛眠滕公賢

而得石郭未有無德而得吉穴者

吳文正公云不積德而求地其能得地乎猶不耕

而求穫其能有收乎吉地本出富貴然必善事栽

培繞發猶肥田本出五穀然必人工耘鋤總有收

不得地者無論矣得地者不積德而又喪德尚望

其發越乎猶肥田不耘鋤而又踐踏尚望其有收

乎。

汪君遴云種麻得麻種荳得荳心地譬如種子陰

地譬如田土種子好雖瘦地未嘗不生種子不好

雖肥田肥土未有種草而得荳種稗而得穀也。

宋謙父云世人盡知穴在山豈知穴在方寸間好

山好水世不欠苟非其人尋不見我見富貴人家

墳往往葬時皆貧賤迫至富貴力可求人事盡時

天理變其人積德之人也

存耕餘云踏破鐵鞋無覓處得来全不費工夫牛

眠鶴舉雖奇遇祇在方圓寸地圖

溪仙云地理不如天理陰地不如心地行事有天

理坟身方有地理為人有心地葬骨方有陰地世

人講地不講天理地即發富貴天要降災殃天管

倒地得地其奈天何所謂富貴在天也有陰地無

心地心地根也陰地枝葉也未有根壞而枝葉榮者也。

地理原依天理行　一離天理地無靈。

欲求吉地安親骨　天理良心早早存。

古言陰地不如心　不信但看尋穴人。

平日有虧心地者　何曾葬著一佳城。

積德得地

萬物土中生生人者地也主之者天故曰富貴在
天人有一分善天與以一分福有十分善與以十
分福然天欲福人必先以吉地與之墳得吉氣綿
生吉人而享富貴卜仙云富貴之祖墳必得山川
之正氣天所以報有德也榮邑黃壽山生有善心
忍讓為人收租百餘石家中嘗減價賣米一升晴
少十餘文以濟窮困道光時於隣近通衢捐修數

十里費銀近千宣講起約王簡數人屢捐銀錢刊
送善書脩橋檢字丁巳天旱減價賣米數百石所
作善事皆真心實意復委當精詳故人心樂從善
事迭與每逢旱年祈雨他在較靈故收穫亦較豐
焉二十餘年有功無過非善心純篤者乎然其善
事正未有父平日喜親正人韜光斂跡獨講善事
津津有味若決江河余素未覿面咸豐二年一見
相親談及風水念切心誠未暇遠遊卽於宅近巳

得三台蘆鞭數貴穴焉雖余之見德指點未必非
天之報善人也然天以吉地報善人必以凶地報
惡人欲趨吉以避凶必去惡而為善求地者知之
否耶。

地法尋龍自古傳　三台第一次蘆鞭
　雖然點穴半由我　　福報寔寔信有天
黃壽山學三元自扦父地余看不合形勢伊云極
合三元葬十七年開看泥蟻滿槨改葬宅左此穴

余上年點也龍自榮梨山起祖平行數節開帳成
局起品字三台水木盧鞭又起金泡結單提穴點
時伊將信將疑及開穴土色白如鉛粉紅如硃沙
滋潤如腪口嘗無沙肌理刷開有太極圈槺榔紋
又連修余所點高坎垮鴉雀冲舞龍寺數穴土色
皆如此始信形家之是法家之非壽山有大善親
閱父墓方信形家今人無善安能不信法家耶凡
走錯路不回頭着皆少善之人也

許願求地

吉地者天所以報善人也故求則得之有不得者
善事少耳然能補之於臨時天心亦喜歡咸豐六
年滎邑王躍潭先生聘余葬父走遍山川不能得
地余勸刷勸世庸言善書五百部共二千卷月餘
書成交償三日即獲吉地且在自巳業内感應之
機捷於影響王君曰猶是此業也何前日尋之不
見今尋之又見耶余曰今人求地不許善願許又

不遷天知人心前日尋之不見者善事少也今日
尋之又見者願已遷也彼此一笑丙笑成詩汊彰
天之靈驗並為求地者勸世人未積善於平日又
不補之於臨時未得地時或許善願既得地後又
不酬遷一回為人誑怕安望下次有靈哉詩云
踏遍峯頭無可扦勸他積德免牽纏善書總刷二
千卷吉地相逢三兩天可見福田宜廣種如何許
願不知遷從來感應無如此聊作堪輿笑話傳

讓報

俗云公修公得婆修婆得是說福祿也陰地亦然

榮邑簡士亮父子皆行善人也咸豐八年請余相

地葬妻余點盤龍形頗秀美頭年六月窨陰堆次

年三月開陰堆熱氣湧出如開飯甑樣犢之裡面

皆熱穀有米穀黃蛋心紅如鹽蛋融結蛋內聚氣

擊之有聲他喜要修兩棺余說不如修一棺得正

穴他說我讓得人正穴讓妻佔我佔旁穴粑住修

一棺封閉十日開塋旁穴熱氣騰騰勝於正穴此

亦奇也余按大善塋大地小善塋小地士亮嘗同

黃壽山捐錢宣講刊送善書修橋檢字減價賣米

皆真心實意出於自然居家九能讓得人食得虧

他之善勝於妻故得地亦勝於妻自已頷佔旁穴

反得正穴冥冥中有主宰非人所能為也妻之善

小且不能塋夫之大地人全無善豈能塋天之大

地耶求地者自思之

夫妻讓穴事希奇。明讓於妻暗不移。

自笑堪輿才學淺 不能以術傲神祇

占云天榴善人吾于此人見之隣有基地戶衆情
繁伊屋相間數起釁端不能成就余黠穴宅近造
動石塊猝然禍起即以基釁無奈久承知有禍患
未幾渠染別禍受飭韜光此亦因之浪平事寢修
葬余復視之正穴尚隔丈餘驚曰前着是而今看
非何也亮曰前不誤點彼無詞起禍禍不起事不

成事不成，則禍終不息，可知誤點者非先生目力

之差，天為予成事而息禍也。兩人大笑，陰地陽基

一舉兩全，非天克相，安能如此。

一、、、

夢中得地

卧碑云心善德全上天錫福吾於求地見之榮邑
王升庭兄弟孝友與黃壽山同行善事心頗真誠
十餘年不倦咸豐六年聘余栮地甫到卽於宅右
得土角流金穴。余勸多刷善書一日晨早自許刷
勸世庸言善書二百部早飯後卽於宅近得土腹
藏金穴願出地隨其靈驗如此更有奇者咸豐八
年四月憂與黃壽山在宅近相地余視之果有騎

龍穴頗秀異黃簡王三人善事同善心同故得地
亦相同皆在巳葬且近於宅較之片善不為費銀
千百卒受假地之害相去何遠也

又咸豐四年四川學政何紹基河南人也其父司
農由探花官至侍郎事親孝兄弟和居官清正一
生未嘗枉取人財尤喜作善事凡有益於人之事
皆竭力為之歿時求地絡基宿友人家夢白髮人
云爾父地在九子嶺醒來不知其處友人引至果

有大地遂葬焉余按夢本無憑有地則可憑矣大
地有神守夢中來告非心善德全神豈來告耶天
道好還無施不報欲求吉地者積德行善可也、
安親不患無佳城、祇患爲人少善行、
若到功程圓滿候、夢中得地顯神靈、

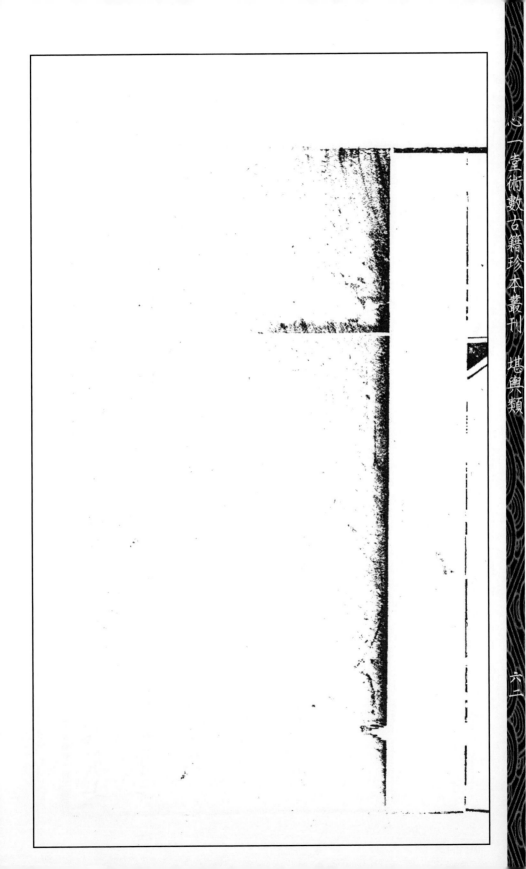

擇名師

求地在積德尤在擇師不擇師雖有德人亦受泥。

水之害富邑朱進士余業師也為人孝友品行端

方作陝西白河朝邑知縣民頌青天善始善終道

光廿二年故俗師蓗於宅後鬼尾上三年開看有

泥有水棺底朽爛師母命余與陳龍岡別尋吉地

二年不獲余勸刷金玉蒲堂善書三百部暮鼓晨

鐘善書三百部雨月即得兩穴一在長灘河是獅

形、一在貓塘是月形靈驗如此然俗人皆說無地、

止有陳朝聘說有地修墊兩年冬月開看兩穴皆

熱氣薰蒸人可解衣而臥墊後人人又說是大地、

吾師吉人宜墊吉地前墊凶地者不擇師之咎也、

別藝分功之淺深此藝分術之真假真術與假術

相隔一毫相去千里其害人不分善惡近來亦有

積德之家所求之穴多不妥當皆擇師少一着工、

夫須速訪名師求得真術不然難免泥水之患也、

村塋原來要擇師、術分眞假有誰知。

前車已覆後當鑑。不信良言悔後遲。

尤有奇者余未與師擇地前夢師同進士朱偓在

余家飲酒命余坐上席余辭不敢師曰要你纔坐

得余公然穩坐上席醒來不解以兩進士來家又

命坐上席余何敢當至今思之大約是師欲余遷

地耳然師歿將二十年余年年夢見數次如受業

時何契濶若此師地不美余撼之矣朱偓作知府

州

民歌功頌德地亦欠美惜室遠人遐無由達耳。

獅子山葬師地龍是枝中幹至高廟寨起獅形作

少祖山跌斷中出脈數節作盡結。穴山高聳如活

獅形開大帳兩邊重重包裹作纏龍纏至穴前成

一大局河水外抱龍身豐肥枝腳長大帶倉帶庫。

帶旗帶鼓穴前進田筆一支長十餘丈且是石曜

逆大溪水席帽作向四山開面局緊機圓開穴現

出球子石二個脫理層層刷開土色紅黃碧綠滋

潤如脂膏口嘗無沙有花糕紋氷柳紋起一圈如
床形中包小圓圈四个各寬尺餘穴前遠丈餘有
界脉石三重如月形弓抱内外相符美善慕偹如
此使後人樂善不倦福澤無涯
貓塘師母地龍遠不述將入局星峯磊落貴器俱
偹五行齊全穴土星角起金泡術名土角流金開
大面成蛾眉金半月形有光有魄奏合渾圓堂近
穴低月光映水内水自左抱右外水自右抱左下

沙尖利。如牛角弓抱穴中。似石非石。似土非土。紋
理如棋盤格。每格方一尺。寬長丈餘。紅如硃黃如
金。細膩滋潤。口嘗無沙。內外相符。速發地也。如修
天爵定迪前兆。

以上二地俱在富順下北。此穴離仙灘塲八里獅
子山地離何家塲五里。

師有夙緣

求地在擇師然亦有夙緣故有終身與之處而不
知者亦有偶與之遊而獲大福余所遇有三馬道
光時富邑自流井添成井做到地位不見功財門
是送水向余令改為朝水向三月即出水火見大
功修造移位井中落鉆塞蒲久取不出余令復原
位數日即取出水火復來極順遂發大富矣廟溝
井陳治平七十餘歲不入財門是送水向余令改

為朝水向兩年即入學恩賜舉人家亦富矣石板

田黃達信陽宅是送水向坐數輩人不利余令改

為橫水向從此順遂發財矣以外尚多不能如此

之速所改之向與方位家水法皆不合故俗師謂

余不講水法此卽余之水法何以前合方位不利

經余撥轉發福如神可知地理在形勢矣然此數

處皆偶然遇合卽言聽計從余未費力他未費財

不知有何緣也所謂緣者平日有善行也若無善

行雖言之未必聽聽之未必從也。

此事人人說偶然。　偶然之中又偶然

富貴如可偶然得。　為甚人人不偶然。

郭景純云風水之法得水為上藏風次之楊公云

山管人丁水管財財欲其來不欲其去得水旺財

自然之理余改去水為朝水故其速發如此近有

俗師汪姓不知用何水法與人扦穴向去水者十

有八九家家傾敗不堪甚至有絕祀者而俗師猶

盛行不衰。俗師無殺人之心而有殺人之術抑亦

無德之家該受其咎也。

擇師辨訛

俗人不能分別地師之真假謂三人占則從二人之言如一地請三人看二人說是則用說非則不用從多不從少似也而實非名師百不得一安得有多況人心奸險無德之家用不着名師無不謗他將何以辨之問有見識之善人驗其往作則知其目力訪其素行則知其心術聽其言論則知其學問果其目力高心術正學問深不隨聲附和不

擇師辨訛

枉已從人認人之所不能認出乎常格之外仍在
正理之中庶乎得之其本原在積德不然雖得之
必失之即如朱秀才薦余與朱進士老師看地有
人賄余教點在他葉內余說無地其人向秀才謗
余秀才向師母謗余師母說你前日說某人好今
又說某人不好說好說反都是你秀才說我是聽
見人說問何人秀才說是某人師母說你聽
不得人要有見識勿聽讒言秀才慚愧而去吾師
見人說他的話信

得葬吉地者老師有德師母又有見識此若無德
之家為讒口所奪矣安能成其事哉。

訪得功深品不凡。迎之致敬禮為先。

若非積德去讒者。雖得名師也枉然。

術造於精神鬼忌。世情不合亦由天。

梁堯醉語我曾記。今日時師後日仙

師要在形家內擇今之業此者非非形家亦以為形
家擇之頗難須要細剝名師抱道自重是則是非

則非口與心合盲沿門獻地以射利誇地富貴哄
人錢是非顛倒目之所看不合口之所言名師不
阿諛逢迎忠言逆耳人多不聽盲師善窺人意揶
移遷就人多信從名師不遇於時盲師日不暇給
葬不得吉實由于此余故勸人積德能積德每以
無心遇之不積德每以常面失之冥冥中有使之
者也

地宜擇

古人云陰地不如心地，是勸人積德以求地非謂
陰地不必擇也，如不擇地而葬雖有心地而發福
不齊余之東家王某先祖賣米一升讓錢二文又
大一合窮人來家買米留食飯一頓不食者送米
一碗一生如是此大德也葬地不美財雖發而丁
不強半資過繼有德之後且如是若無德者葬此
尚想財丁乎又如余之母族朱氏兩科甲發甲者

先世以孝聞墳宅俱有財發科者先世以善聞墳
宅俱少財孝仕時俱窮金對親友言看後来驗否
後同為知縣致仕後發甲者致富發科者仍窮一
毫不爽考會典所載順治陵距京二十里康熙陵
距京四十里雍正乾隆嘉慶道光陵距京百餘里
二百餘里俱載縣屬山名聖德如天尚兢兢擇地
況士民乎再觀今日田土中破敗之高榔大塚當
日富貴人所墊沙飛水走地理全無以致覆宗絕

嗣墳塋莫保。非不信地理者乎。若信地理肯塋絕

地使自已絕嗣乎世有人謂富是勤儉而積貴由

苦讀而來理未嘗不是然必祖墳好蔭出成材子

生貴命貴相方能勤儉苦讀若祖墳不好蔭出敗

家子生賤命賤相焉能勤儉苦讀乎可知心地體

也陰地用也體用相兼其義始備然必擇之於平

日方不誤於臨時仁人孝子細思之

　古云陰地不如心　明是勸人培本根

若泥此言隨便葬。定知腐骨害兒孫。

荒崗傾覆幾多墳。水走沙飛不合形。

若是認真尋穴者。肯將絕地作親塋。

形勢宜精

地理號形家山形水勢天地生成非羅經所能轉
變今之堪輿上山不離羅經開口便言水法不講
形勢謬矣亦有口中講形勢眼睛認不得形勢者
俗云學藝不精反害其身青元先生余同窗友也
本色為人性喜風水三遷親墓咸豐初年尋得一
穴山頗秀麗然是行龍之山非結穴之山玄武不
斫頭腰不軟不開面又不開口是個金剛肚書云

有星、有抱金剛肚穴飽當代人孤苦主發禍速、向

上若隱若見主出賊余忠告善道之他疑余想此

地不信余言遷塋父母七年之內父子五人喪盡

外死媳孫二人家益窘迫嗟哉此人皆因少善行

形勢不精又自作聰明故受害至此世人未經傳

授道聽塗說目中無人自誇海口儼然地仙拿個

羅盤蒲山亂扡明眼觀之奎未夢見塋下不利一

遷再遷愈遷愈不利以致家業式微人丁欠缺者。

皆此類也。點穴者可不慎歟。

山形水勢不能精。一試親骸百禍生。

我勸世間尋地者。休將管見作聰明。

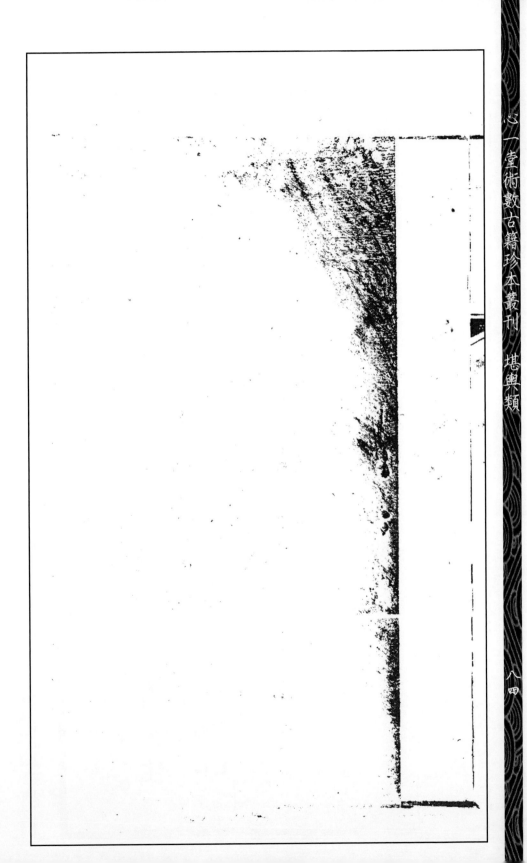

穴宜栽培

天下葬地，多發福少者穴不真也穴真土色不同

雖地論形勢不區區論土然土色愈徵穴之的

以余所扦如富邑仙人石戴姓地穴中有魁星獅

子山朱姓地穴中有球子石金星圈又貓塘地有

棋盤格黃葛垮王姓地有方圈圓圈皂角沖陳姓

地蒲井螺螄紋板栗垮王姓地有棋盤格雷霹石

余姓地有太極圈又夾㵱垮有天輪影地羊垮余

尖地蒲井龜紋。又如縈邑李家崖王姓地七星龍

穴有七星圍又亂石山地。有氷榔紋又猴子凹地。

有太極圖高山舖黃姓之三台蘆鞭有穴暈太極

圖氷榔紋鴉崔冲之三台龍有太極圖花糕紋高

坎垮之交伕穴。有黃白紅泥舞龍寺之騎龍穴有

五色泥以上諸穴皆細膩滋潤似石非石似土非

生紅如碟砂白如鉛粉口嘗無沙又如仆鑼山王

姓之坳腦穴水井垮王姓之土角流金穴土腹蔵

金穴花金坳之金星開口穴簡家坪簡姓之盤龍

穴以外尚多皆龍真穴的。與方位家之水法有合

有不合。有初塟者有已發福者。能加善事培補福

不可言。若行惡事禍恐不測。得地者宜自己愛惜

毋使地變可也。

乾坤吉壤遍山阪。　　說到尋龍滿眼愁。

積德方能封鼠馬　　無良那有穴眠牛

天機妄洩誰之過　　地德虛投鬼亦憂。

寄語安親得吉者。早培心地上瀛洲

墳生泥水

墳中生水地之大病根本傷枝葉壞然有地不美、生水者亦有地不生水惟人所名者先年有陳王二姓請余脊墳據地法皆無水開看陳坟壙中有汗珠半棺材水王坟壙中無氣蒲棺材水問其人陳是取人重利者王是淫人婦女者又見一人壅三四處皆坐水用瓦罋裝起吊在屋詹桃上數月開着仍是有水問其人又是不孝不弟食人害人

者生水之墳余見多矣大半如是此何故哉皆因

罪大惡極天神未報於生前地神報之於死後耳

此等人雖名師扦地亦難免水泥為兒孫者多行

善事以蓋前愆庶有轉移之日不然難保麥飯無

虞矣生前受罪尚有滿日死後受罪永無出期可

不戒哉可不戒哉。

　萬惡惟淫是首愆。　為人一犯罪彌天。

　因從淫字思其義　水到三重定滿棺

兒孫忤逆罪如山。不恤人言不怕天。

陽律雖逃陰律坐。寒氷地獄泡千年。

貪財日日積愆尤。歿請盲師把地求。

任你天涯都走遍。總之不免水坑頭。

三者之中。犯財關人衆死後之水關即在生之

財關在生打不破財關死後定不免水關。

德不足

天下求地人多得地人少者德不足也德不足無論不捨財即捨財亦不能得地不為盲師所迷必為自己所誤以余所見如金星山一地人去錢四百釧冬瓜山一地人去錢五百釧芏子山一地人去錢九百釧松林山一地人去錢一千九百釧獅子河一地人去錢二千五百釧又渡河口一地舉人葬父沙后坪一地舉人葬母高坎崖一地進士

藝父。

王井河一地進士塋身以上諸地合水法不

合形勢講得龍眞明眼觀之則非故敗者多小仙

云吉地為神之所司善人必天之克相與共多用

錢買地不如多用錢行善錢多地轉凶善多地自

吉貧賤家舊塋多凶富貴家舊塋多吉凶多總出

貧賤吉多總出富貴也富貴家新塋多凶貧賤家

新塋有吉何者富貴賺貧賤的錢貧賤食富貴的

廊天道有循環也塋貧賤人地易着塋富貴人地

難看易看者都得吉難看者恒得凶冥冥中有主

宰也發富貴之墳大吉塟富貴之墳大凶以富貴

人少行善也不知此理不可求地。

莫怪安親齊惜財、　盈千累百仍成災。

佳城不在則多寡、　為語伊人仔細猜。

世上人人尋吉穴、　山中處處有凶墳。

借問此理如何說。　吉地還在等吉人

發家人

發家人難葬吉地此語似刻而是真非家不可發
是財不宜過取也古人云發財要漫漫來今人多
是欲速放大利滾騙人嫖賭嚼搖明明食人害人
者無論矣亦有外面是好人而暗中取則太過如
父母面前算計毫末兄弟名下取盡錙銖家業未
分而假公積私打彩求財而明膮暗騙管公事而
侵吞為人謀而私漏買物而太為圖賤賣貨而過

於取錢做假貨以哄人錢抬高價以欺愚昧租利
太重斗秤不平遇凶年而分文不讓見貧苦而一
毫不施存心刻薄利己損人如此行事心地已壞
陰地何來天理滅亡地理安在即遍處尋求非自
作聰明即受人唱哄有修十餘櫬而皆生水遞六
七處而俱生蟻甚有爭論房分此欲�而彼不肯
使你久困水泥生前造罪死受災殊骸骨一壞兒
孫有虧生敗產蕩蕩產傾家後人受苦不過欲遷

改而。無葬處欲買地。而少銀錢四散飄離。無人拜

掃坟墓已成荒塚受罪無有了期世上狠心取財

人幾悟想到此步雖不敢謂家家如是然而他此

者亦多吾行此道見過數百餘家久已深為憐惜

發家人未犯此病生有榮耀殁得佳城可喜可賀

若犯此者在生要自己回心多行善事死後要兒

孫打救廣積陰功庶幾冤孽可消轉凶為吉不然

雖明師亦莫如之何矣。

　　發家人

取財太過孽隨身。地下龍神最認真。

我見與家人幾百。未埋一穴好墳塋

囊中若有昧心錢。趂早回頭贖往愆

若到陰曹定罪日。翻棺倒槨悔時難

地宜善求

勸人積德求地在未求地之前也求地之時九宜

積德要正直公平多存厚道於古今墳宅無碍今

之求地者多刻薄寡恩瞞心昧己傷墳碍宅往往

葬下禍生諺云好地不生非生非地不好無好心

焉得好地以余所見古姓葬祖傷古墓次年家傾

余姓作宅傷古墓人死財亡陳姓葬父碍人宅七

年死七八人楊姓葬父碍巳穴十年死十八人王姓修

宅傷古墓十年死世八人尻市修廟傷古墓死百

餘人工匠皆死尤有奇者李姓謀王姓地王姓本

色不賣李與王之弟買打架角孳牯住塋了王姓

告狀官斷兄之地不應弟賣將弟亞貴斷李與兄

重買了結案李姓費錢一千餘剗塋下三年死五

人忻萬金啟開水蒲一棺衆人咗否說報應不爽

塋地者各有天良各存厚道勿佔陽宅勿騎祖墳

勿傷古塚卽不知誤犯不可開看亦必好好封還

或更加培補。不然福未至而禍先來師與主皆受

其害也。

　　點穴傷人宅與墳。

　　陰曹報應難消躲。

　　謀人陰地昧心懷。

　　無可奈何枉取着。

　　清汪汪水蒲棺材。

　　一塋損人兼折財。

　　寄語堪輿學藝人

　　福猶未至禍先臨

或聞朱子在崇安縣做官有小民謀大姓地刻祖

父姓名於石預埋地下具控朱子按據斷與小民

或也宜善狀

後訪得實登塚嘆曰此地不發是無地理此地若
發又無天理是夜雷雨大作化為深潭謀地昧良。
雷打之宜也今人平日既無德行謀之又不孔減
處處買地又未見雷打何也余曰小氏所謀之地
有地雷故打之今人所謀之地無地雷何必打余
見一富貴家買地七八十穴俱生水蟻殺無葬地
可知今人所求之地矣

剋財人

蔣大鴻云占地處處有之求之在人得之在天惟德所名耳無德斷不能得吉地勸人積德求地別樣人易勸惟剋財人難勸隣邑雅齋家富與父俱剋財做事太盡余嘗勸之不聽喜風水用盲師工於謀地買十餘穴水法俱合奈無龍穴何父歿葬於何垮有水遷於高嘴有泥遷於河口有水連開十餘壙非有水則有泥勉强葬泥迷子家禍如林

雅齋生腫病亡葬於沙灘四子相繼俱亡只存一
孫闔眷父子之穴皆水滿棺材家亦式微無穴可
遷矣想尅財人斗秤不平行事不公樣樣算盡刻
薄成家定然兒孫希少或老來喪亡不然亦是敗
家在生已無寧日安望死後安然所以墳生泥八
也是後人曉得遷改猶有救更有孝子慈孫不能
改者吾鄉王某刻薄成家生三子葬時地師陰對
次子說此地二房更佳不可遷改不數年一敗如

灰。二房、更甚余看墳生青苔知棺中水蒲三房欲

遷墓二房不肯陰陽口內出真語故他死記在心

頭想這個陰陽都是地神遣來斷案的使他冷冰

冰的受罪幾千年也。發財人在生穿皮袍皮套還

要向火籠怎樣在水中睡得幾千年剋財人改換

心腸可也

分外銀錢莫強求。只因財出水源頭。

在生你是剋他者。死後棺中來報仇。

劍財人

俗人不信德宜修。　日請盲師把地求。

天下名山都踏遍。　剛剛尋到水坑頭。

積德守地

吳文正公云未得地。當積德以求之。既得地。當積德以守之。是以福澤綿遠若得地者改變初心福去禍即来余友長元先生得吉地數穴。余勸他刊善書請宣講頗入善路若久行不怠定有福報偶因夫妻反目積成過愆宴爾禍来人亡財散家禍不休穴山亦壞真真可惜後人能行善事以蓋前愆尚有轉移之日不然吾不知之矣世人得好壙

積德守地

宅者不少前人忠厚福祿駢臻後人尖猾宅墓亦變或水冲壞或路走壞或碑立壞或門改壞或塘挑壞或因塩井鑿壞或因煤炭挖壞或信盲師抽壞致生敗產蕩人散財亡者皆因行事不善吉變為凶也卜仙云地理有神桑田變海者此也亦有墳宅未變行事多乖家發凶禍昧者不歸咎於行事之失而歸咎於墳宅之非妄改宅墳所以愈改愈不利也得地者積德以守焉可

人變初心山變形。神顛鬼弄禍如林。

疾呼得吉安親者。永積陰功守宅坟。

亦有人家起禍殃。分明行事有乖張。

心腸不改改坟宅。愈改愈濫莫下塲

積德守地

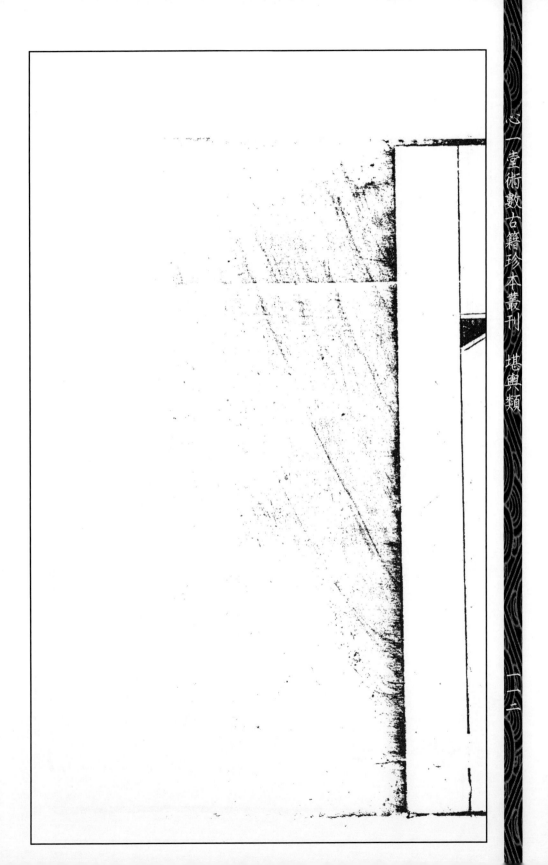

受善言

天下行善事人多受善言人少能受善言必有大
福江西富戶紐家好善樂施一年費銀數千行至
五輩不發貴亦不發人輩輩單傳請一名師相地
師曰爾業有地可發大福但不知肯聽吾言否紐
曰聽命師曰所行善功浩大惜持家太精賣業出
租之輩啼饑號寒未會親見功過參半準折不少
紐聽其言利心改輕置業收租親自經手善事實

在師以地點之後葬下數年第七輩上忽生二子。
其父喜多爲置妾生百餘丁自嘉慶至道光中狀
元者三人進士翰林八人舉貢十餘人道光十八
年戊戌科狀元紐富保乃七十六子也有求行善
不報非天不報功爲過折也不過明人指點前功
盡棄矣卽有人指點不聽其言亦不能得地可見
發福在得吉地行善在受善言世上行善之家不
少多是功爲過掩不能如紐家之受善言故不能

得地耳。

自古為人少十全。家雖積善豈無愆

紐公富貴陡然發 只在虛懷受善言

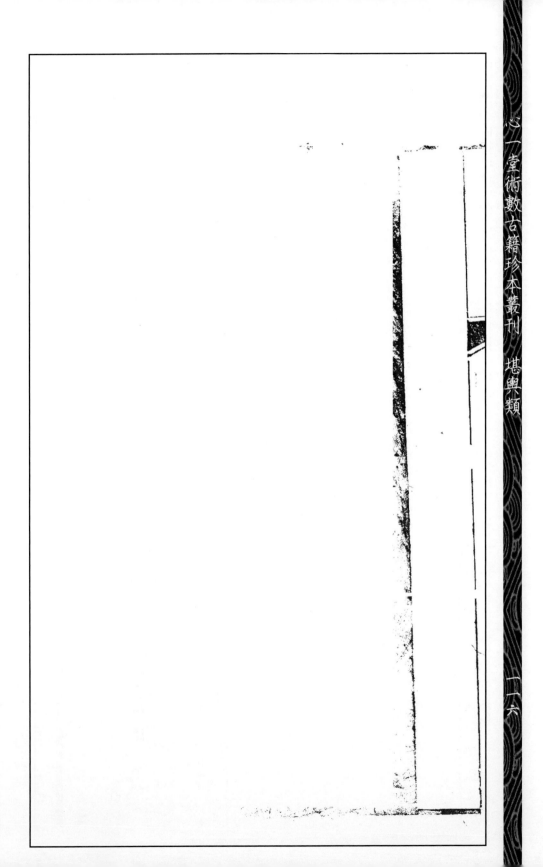

輕利

司馬溫公曰。貽子孫以財。不如貽子孫以德。有德
自有財。無德雖有財。不能守。遵此語者高於湖南
潘公見之家收租三百餘石。終其身不制產業。廈

行善事。當有言曰。今人治家。只求家業之大不克。
家業之久。誤矣。試觀後人用之如泥沙者。皆前人
取之盡錙銖。生為貪人。死葬惡地。災及筋骨禍延
子孫財利一關。吾豈使他害吾筋骨。以害我子孫。

哉。所以見貧苦則濟之，見橫惡則勸之，爭地界則讓之，買人物則從厚取，人利則從薄，有求讓債租者執事者曰人衆不可開端，公曰讓人是善吾聞惡事不可開端，未聞善事不可開端，我開端而人效尤，窮人不多沾其惠乎，有求讓至再至三，鄉人且爲之不平者，公曰路人且濟況我生財之人乎，強取我生財人之利以濟路人，吾不爲也，明不讓而陰讓之，生平所爲大槪如是，有一事尤人所難

除夕之夜。家獲一賊。乃隣家子也。問何為作賊。賊
曰、我輸錢十釧、竊以還人、不願作賊耳、公待以酒、
與錢二十釧、勸他為好人、越數年、公尋地、見一穴、
不知其主、至一店、見店主卽前日所放賊、地是他
新買也、願送公、不能辭受之。塋下貴人連生狀元、
潘世恩道光時為宰相、即其孫也、大貴猶多福祉、
未艾、想此賊都是潘公善功圓蒲、天使來試他的
心真不真、潘公不為天試破、所以得地也。然公之

得地本原在取利輕行善人知之否耶

作賊之人也報恩　可知作賊非其心。

潘公得地在輕利　蕊得良言福滿門。

鵝塘地

語云大地龍神朝暮守不許時師亂開口果然樂
乎縣地名鵝塘有一地仙師各有鉗記廖金精至
無從下手盤旋月餘始得其穴記云二龍爭顧勢
浪波四水俱朝龍定如何恰似江豚拜
下官居上將管山河宋末丞相馬廷鸞慕此地不
能識穴請張眞人降神批曰吾乃鵝塘之土地承
相問吾求大地相地之人未降生塟地之人未了
未丞相曰吾夫人丁未生是此地乎神復批曰此

李國公葬祖母地丞相好不安分乃止有李姓家

世積德作小舟渡人地師梁堯過渡遇雪留要數

日款待甚厚酒醉梁大呼曰世上何人能識我今

日時師後日仙李曰賜我善地梁曰此間有大地

恐公福薄耳李曰吾家累世積德除却天子公侯

將相皆可當之命畫字以擇李畫一字於地上梁

曰土上加一王字也知其德厚以地指之李曰吾

宗姪地恐未易圖彭大雅告其姪不信李以陽基

易之葬其妻後生李英童子時。朱洪武起兵黎明

時於田野中前軍報田虎卧當道上命勿放箭鳴

鼓以進乃一童子上喜曰虎將也育之軍中習兵

畧及長從洪武定天下百戰百勝封西平侯贈王

爵世守雲南李公修德獲報固所宜然神不以地

與丞相無德可知福盡矣看來富貴人更要積德

梁堯認人要擇字我說不必擇字觀其用名師知

其有德用盲師知其無德寅寅中有主宰也欲求

吉地者除却。積德別無法門。

詩曰

李公積德巳多年。　一塟隹城福澤綿。

可惜姪男無見識。　當初不聽盜師言。

行道

余以地理救人。行道十餘年不受人財。師曰君子
周急不繼富。貧者周之可也。富者繼之無益不如
取作善事用余者必勸行善見坟宅必斷吉凶有
信有不信信者可救。不信者不可救也。余族名湘
者坟宅俱凶余告之將改遇盲師黃姓謂坟宅合
水涸不必改開坟看壙甲乾燥葬四十餘年紬服
扯之有聲以為大吉咎余誑言復用盲師修宅兄

對余言余曰大凶之坟不久見禍未幾年父子五人吐血死盡僅存一幼孫兄問坟何以凶余曰地論形勢此龍行而未止穴是山脚純陰無陽煞氣未化無唇非穴無氊少丁沙水斜飛形勢大不合壙宜滋潤濕則水也燥則火也今乾燥有火無水出火症安得不凶又問禍何以速余曰凶坟宅抽出吉修復凶吉凶悔吝生乎動今坟宅俱動安得不速余見如此者數十家今黃師目亦盲矣

近有東某初深信余相地數次皆大形大局忽有

遠師叩門妄指敗絕之地數穴伊深信不疑余面

斥其非但不知可救否噫斯人也而有斯地也惟

願余負訑言之罪幸也如余獲知地之名悲夫

余心本欲救貧民　無奈人情善惡分

救待一坟千百失　何曾遂願對楊曾

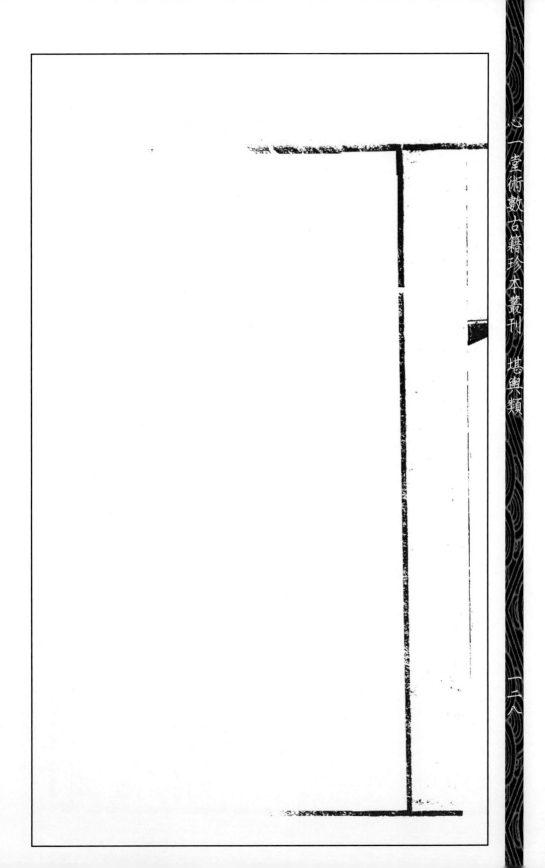

余因祖塋不吉習地學足跡遍寰區不能得吉從
許師宣講方知求地在積德從此躬行善事真心
實意宣講六年作善書七部俱刻行世始獲吉焉

塟余先父母地在富順下比余家石壩地羊埡離
大山舖十二里龍自尖山坡起峰下殿枝脚長大
帳幕重開將入局頓起玉釜金星作近宗俗名陵
笠山端正清奇四面如一連起金星三箇與宗山

一樣自高而甲名孟仲季直三台第三箇上結穴
入首霞帔峽青龍過案玉揆星作向右邊水木星
夾耳左邊令字旗火星夾耳水口方太陰太陽星
關鑽四山縈抱自成一局穴土五色俱全紅如硃
沙白如鉛粉滋潤如猪髓口嘗無沙穴心白泥寬
尺許以竹片通之可入七八寸滿片龜紋彩色奪
目人隔十餘丈可見記此望我後人觸目警心積
德以守也不然恐陵谷亦有變遷之時到手之福

不能享也謹記謹記、

學地尋龍上為親、

後人若欲沾餘蔭。

辈余髮妻陳氏及媳史氏地在富順下北响水硐。

牛兜溝離何家場二十里龍與地羊坆地同祖將

八局落平田起平面金星六簡成兩重品字三台

起眠木星二個開微屬結偏曜穴條案二重案外

朝山開大面向穴內水小河自右抱左外水大河

求無蟻水穴溫溫

培補方圓一寸心

自左抱右水口山一重高一重左沙三重右沙三
重前沙三重後沙三重俱作纏龍纏過穴前成一
大局穴土紅黃滋潤書云凡龍落平脫盡煞氣有
陽配陰橫鋪潤展有數里半里數箭之地俱結貴
穴後人積德以守可也

不為兇孫積孽錢　　寄情馬影與牛眠

栽培心地保陰地　　勝買人間上上田

雜說

或問上等人不講地理。子何嘵嘵乎。余曰非也。

怕上等人方講地理。昔太王胥周宇周公卜洛澗。

衛文相楚卽孔子卜宅兆程子論五患當除朱子

上山陵議狀孔明作至寶練劉伯溫作堪輿寶鏡。

非上等人乎何以言地理乎。

又問擇地安親宜也。世俗多言利後似非上智所

為。余曰上智但知安親語俗人方言利後然不利

後亦不能安親父母骸骨塋吉地得吉氣產吉人、
享榮華塋凶地得凶氣產凶人受貧賤親之安不
安不可見於後人之利不利見之也地法云山水
廣大端方出人和平正大忠孝賢良山水逼窄欹
斜出人奸詐邪淫行為不義山青水秀出人聰明
俊偉儒雅風流山粗水濁出人殘暴愚頑行凶冒
險山高水長年高福遠山窮水盡絕嗣覆宗隳之
坟宅一一不爽然則安親福後本自然之理又何

嫌焉。

孟天其云、學地理者。一要明師傳授。二要心靈目
巧。三要、多看仙跡。四要讀書明理。五要專心致志
六要心術端正方可以言斯道。若無此六者輕視
地理妄言亂行有誤世人。終害自己。

地理雖壞自唐然。講形勢者猶多自康熙時原真
五訣書出。天下羣焉趨之。只講水法不講真形勢
認得地者千百中無一二人蕐得宂者千萬中無

一二坟地理之壞至此而極故人心之壞亦至此
而極本原不正人心伊於胡底所望學士大夫講
明此道多生忠臣孝子庶人心正而世道隆
人有善不能無惡陰骘要品兌除了惡方算善善
有大小有多少有真假報應亦因乎其善一毫不
差但報應有早遲早則福小遲則福大行善者不
必求速效各人真心去做到爐火純青之候自有
名師見德指點而受大地之報也

地理有真偽。地學有深淺。真者中庸平易人所厭。

聞偽者古怪希奇人易聽信。學問深者扦穴嘗真。

真穴隱微必剗俗眼。學問淺者扦穴多假。假穴明

顯易於賞心。俗人不識術之真偽。安知學之淺深

辨別殊難。有德之家可遇真者。深者無德之家定

遇偽者。淺者經云主者當衰盲師投懷主者福壽

良師輻輳冥冥中有主宰非人所能為也

俗師相地。認不真形穴往往祈籤卜卦。以求神斷

吉則用凶則不用似也。却不想神猶是因乎人善。

人報以吉惡人報以凶神豈以吉地與惡人耶。

如今人情淺薄求地時。尚竹善事得地後遂變初

心。死尅銀錢以為得吉地坐享富貴矣殊不知輩

吉地要積德方發福若損德還要發禍如出進士

之地必德行有十分方出進士若有七八分出擧

人四五分出秀才止矣若德行全無必不發福若

又做些損人利己刻薄奸淫之事定然發禍殆遍

了大禍謂地不美非也德不足也。

好比田出穀一石必人工到方出一石若人工犬

出八斗更欠出四五斗止矣若人工全無必無收

不惟無收還要生些蛇虫蛟人謂田不美非也人

工不足也得地者可改變初心不行善事哉但凡

所謂德行與善者是指孝弟忠信禮義廉耻與夫

一切濟人利物實實在在之事非諂媚鬼神虛涎

無憑空言無實之事也。

人不積德無論不能得地即得亦不能葬余相地
極嚴非十分不取所取之地余嘗問之名師以為
是卜之關帝土神灶神以為是亦有人將余藝問
之乱象亦以為是然與人擇吉有信之如神者有
全然不信者有始疑終信者有始信終疑者余細
按之信之者多是德厚之家疑之者多是德薄之
家冥冥中有使之者也故諄諄勸人積德自古也

仙與人擇地都是擇有德之家所作之書多是勸

人積德古書俱在試取而觀之

今人多求棺槨好不求地好不知地好有暖氣三

寸之棺百年不壞地不好生水蟻吾見百金之棺

兩重之槨三年如朽腐又見肯費千金做齋不肯

費數金求地雖水滿棺中亦若不惜哀哉

地術果高所扞必刺俗眼當時每非笑之古仙師

所為多招謗毀直至後代發福始知其為仙耳江

西通志載托長老扦梓溪劉長者墓鄉人易而笑
之而劉氏於此發跡是一鄉之人皆不知也野史
載吳白雲獻泗州楊家墩之地於宋室不惟不用
且禁錮之其後乃為明室龍興之基是舉朝之人
竿不知也主當擇師之賢師當擇主之德斯道湮
微無可與語有道之士卷而懷之可耳

前人積德求地後人發禍享富貴者欲彰國罷碑
亭牌坊須置遠道世人於墳前大加石器積成殺

曜壙後多伐巨石。戕壞龍身以致貴人死家業敗。

不能復興者甚多。書此以為鑒戒。

世人憑斷驗以用地師誤矣益地有理斷有術斷

憑龍穴沙卜以斷墳宅吉凶在情理之中有書可

憑禍福俱準。此可信也一見墳宅或問山向便說

某年凶其間屋死人某日添丁進財出乎情理之

外無書取質令書令人不可見雖有准驗不可信也此等斷

驗有此是訪問清楚的有此是本於詭訣小說如

入門斷望宅斷望墳斷鬼靈經透山光隔山照等

書與地理毫無關涉如算命之玄觀黃綠所謂斷

地靈墓地不靈昧者用以立宅墓墳未有不速敗

者也。

善人葬吉地發福最速葬凶地發禍稍遲先發福

後發禍也惡人葬吉地其福不準葬凶地其禍最

靈有禍無福也葬吉墳不吉者前墓有凶墳也凶

墳發過吉墳管事則吉矣葬凶墳不凶者前墓有

吉墳也吉墳發過凶墳管事則凶矣一塋即發福

者前塋有吉坆又正當發福之時非新坆之發也

一塋即敗者前塋有凶墳又正當發禍之時新坆

或又凶也寅塋卯發者財也非貴也貴必得吉墳

之氣而後生貴人也有善雖小地亦能大發有惡

雖大地仍發禍也

楊公號救貧能使人朝貧暮富今之業此者不能

救人並不能救已何也所學非楊公之術楊公之

術在形勢。試觀今日發福之坟。定合形勢破敗之

坟。定不合形勢。業此者棄邪歸正可也。

天理地缺一不得無天理。不能得地理。無地理

亦不能全天理。余見坟宅不佳。雖發富貴往往美

中不足。或富而無子。或貴而無財。或宦途蹭蹬。或

富多禍災。或子孫不賢。或兄弟不和。或男女忤逆。

或少亡孤寡。或出姦淫盜賊。或福過有災。或路死

他鄉。或驟發驟衰。或中途夭折。或有始無終。或一

發便絕者雖曰人事不善豈非地理域之哉不然
何以坟宅有此種沙水家中即有此種禍災也語
云。天定勝人余謂地定亦能勝人所恃人定以勝
天地耳

積德求地凶也吾見世人用錢千萬眾善奉行可
謂積德矣而所求之穴仍不妥當者何也取財太
狠也雖非親身所作而執事所為錢歸於主過亦
歸於主許真君云妄取人財佈施無益有說貿易

取財。他心甘意願。然以富欺貧。以強欺弱為你所

趨他的心幾時甘意幾時願他吃虧你損德矣行

善人慎勿犯此病費錢千萬仍蓋水蟻之穴也

地理可學不可行不學則委親於盲師人害己行

則置人於蟻水已害人庸醫誤一人害一人盲師

誤一人害一家甚至害一族關係甚大也沈新周

云別樣藝學得幾分行得幾分惟地理必學到十

分方可行爭一分行之即有害好比十層紙封餽

口揭了九層爭一層未揭仍不知韞中之物地學
爭一分未到猶如爭一層紙未揭樣豈能知地中
之物乎今人學形勢者二三分無幾人學卦例者
百人無一分視人命如兒戲所以行此道者少結
果以其害人多也欲業此者必從形勢入門造到
十分地步方可行世若謀衣食生計儘多何必於
此自取罪戾也

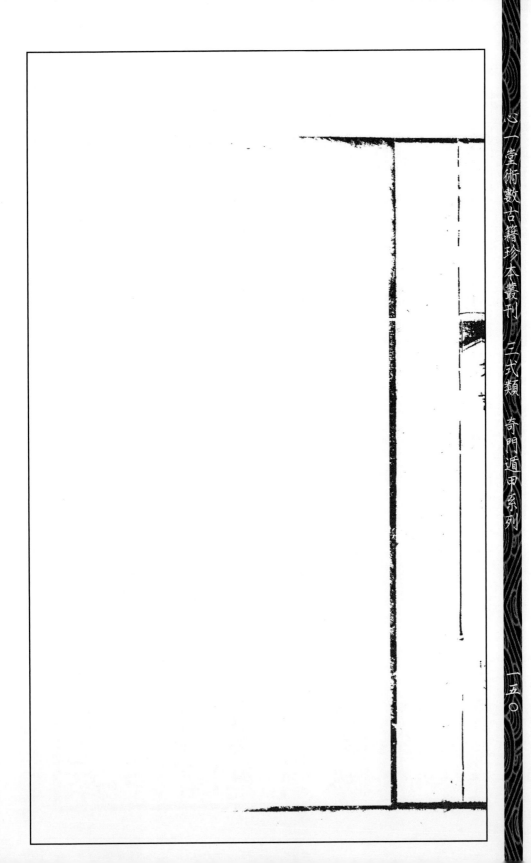

宋世朱子山陵議狀

臣喜竊惟至尊壽皇聖帝聖德神功覆冒寰宇深

仁厚澤浸潤生民厭世上賓率土哀慕宜得吉士

以奉衣冠之藏垂裕後昆永永無極而山陵之卜

累日於茲議論紛紜訖無定說

臣嘗竊究其所以皆緣專信臺史而不廣求術士

必取國音坐內向壬之穴而不博訪名山是以粗

畧茍簡惟欲附於紹興諸陵之旁不惟未必得其

形勢之善若其穴中水泉之害地面浮淺之虞偏

仄傷破之餘驚動諸陵之慮雖明知之亦不暇顧

肇臣議者又多不習此術所以能堅決剖判致煩

明詔博訪在廷臣實痛之其敢無辭以對

蓋臣聞之葬之為言藏也所以藏其祖考之遺體

也以子孫而藏其祖考之遺體則必致其謹重誠

敬之心以為安固久遠之計使其形體全而神靈

得安則其子孫盛而祭祀不絕此自然之理也是

以古人之墓必擇其地。而卜筮以决之不吉則更

擇而再卜焉。

近世以來卜筮之法雖廢而擇地之說猶存士庶

稍有財力之家欲葬其先者無不廣招術士博訪

名山參互比較擇其善之尤者然後用之其或擇

之不精地之不吉則必有水泉螻蟻地風之屬以

戕其內使其形神不安而子孫亦有死亡絕滅之

憂甚可畏也其或雖得吉地而葬之不厚藏之不

深則兵戈亂離之際。無一不遭懼發掘暴露之變。此
又其所當慮之大者也。至於穿鑿已多之處地氣
已洩雖有吉地亦無全力而祖塋之側數興土功
以致驚動亦能延災此雖術家之說然亦不為無

理。

若夫臺史之說謬妄多乘以理而言則記有之曰
死者北首生者南面皆從其朔又曰葬於北方北
首三代之達理也是古之葬者必坐北而向南蓋

南陽而北。陰。孝子之心。不忍死其親。故雖葬之於
墓猶欲其負陰而抱陽也。豈有坐南向北及背陽
而向陰之理乎。

朱子山陵議

若以術言凡擇地者必先論其主勢之強弱風氣
之聚散水土之淺深穴道之偏正力量之全否然
後可以較其地之美惡政使實有國音之說亦必
先此五者以得形勝之地然後其術可得而推今
乃全不論此而直信其庸妄之偏說但以五音盡

類舉姓。而謂塚宅向背各有所宜乃不經之甚者。

不惟先儒已力辨之。而近世民間亦多不用。

今乃以為祖宗以來世守此法。順之則吉逆之則

凶則姑亦無問其理之何如且以其事質之則其

謬不攻而自破矣。蓋自永安遷奉以來已遵用此

法而九世之間國統再續靖康之變宗社為墟高

宗中宗四馬南渡壽皇復自旁支入繼大統至於

思陵亦用其法而壽皇倦勤之後旋即升遐太上

遼豫日久以致遜位、赤山亦用其法而壯即魏即
相繼薨謝。若曰吉凶由人、不在於地、不有所廢其
何以興、則國音之說、自為無用之談、從之未必為
福、不從未必為禍矣、何為信之若是其篤而守之
若是其嚴哉。若曰其法果驗、不可改易、則洛越諸
陵、無不坐南而向北、固已合於國音矣、又何吉之
少而凶之多耶。臺史之言、進退無據、類皆如此。試
加詰問、必無辭以自解矣。

朱子山陵議

蓋定穴之法譬如針灸自有一定之穴而不可有

毫釐之差猶醫者之施砭艾若今日臺史之定宅

兆則攻一穴而徧身皆創矣安能得其穴道之主

乎。

若果此外別無可求則亦無可奈何而今兩浙數

州皆為近甸三二百里豈無一處可備選擇者即

臣自南求經由嚴州富陽縣見其浙山之勝雄偉

非常說者又言臨安縣山川形勝寬平邃密即此

以推安知其不更有佳處萬萬者乎。

但今偏信臺史之言而不求耳若欲求之臣竊見

近年地理之學出於江西福建者為尤盛豈無優

於臺史者欲望聖明深察此理即日行下兩浙帥

臣監司疾速搜訪廣行相視得五七處然後遣官

按覆不拘官品但取通曉地理之人參互考校得

一最吉之處然後用之臣本儒生不曉術數非敢

妄以淫巫瞽史之言眩惑聖聰誠不忍以壽皇聖

體之重委之水泉沙礫之中是以痛憤激切一為

陛下言之謹錄奏聞伏候勑旨。

余按臺史論地以宮商角徵羽五音類盡羣姓必
宅向背以姓為憑各有所宜宋世趙姓音屬角必
用坐丙向壬之穴為吉有宋洛越諸陵無不坐南
向北以致宋室國家大不吉利其迷謬已極朱子
力指其非反覆議論一則曰未必得形勢之善再
則曰得形勝之地三則曰見江山之勝雄偉非常

四則曰山川形勝寬平邃密並無一字言及天星

理氣三合三元輔星挨星大小玄空水法等卦例

者。今人不深究形勢專論方位妄信背理不通之

卦例等法與臺史之論姓音專論方位無殊是又

朱子之罪人也其在乞食之輩不足責矣亦有儒

者尤而效之自取禍戻何哉四書五經皆遵朱子

安親大事不遵朱子深為嘆惜記此以為讀書明

理者鑒焉。

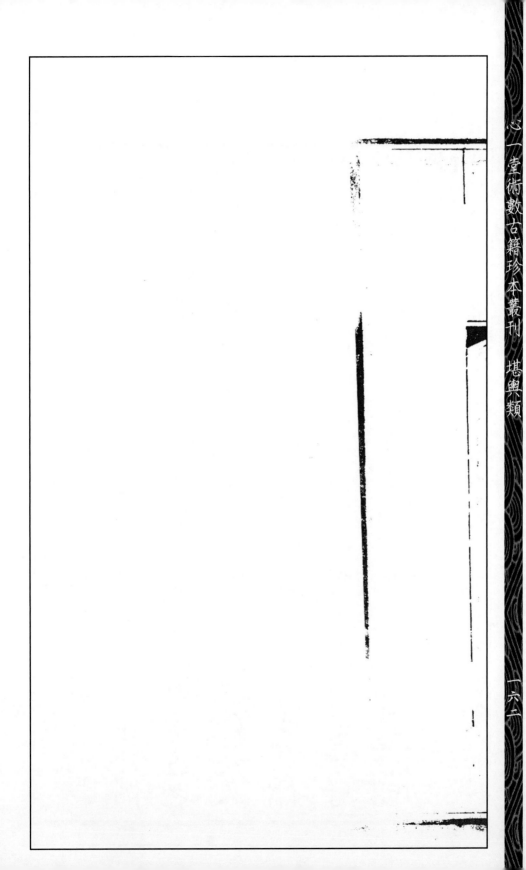

宅譜問答巵言

史載漢武帝。聚會占家問之。某日可娶婦乎。五行家曰可。堪輿家曰不可。天人家曰大吉。叢辰家曰大凶。太乙家曰。小吉。星命家曰。小凶。建除家曰不利。陰符家曰。大利。辨訟不決各以狀聞武帝判曰。避諸死忌以五行為主人生於五行者也自當取五行生合之期可見堪輿之青囊叢辰之諸家星命之金符建除之板煞皆異端曲說斷不可用也。

欽天監衙門六小官員晝夜窺擇，訂一時憲書，俾
官民知宜忌慎趨避。倘載嫁娶之日，有毫釐舛錯，
豈肯通行天下。雍正四年古兆曰遊擊劉繼鼎十
月十三日婚娶提督郭成功參奏奉上諭朕觀曆
本所載此日無嫁娶之期劉繼鼎乃敢肆意妄行，
將伊革職交部從重治罪欽遵在案，
科臣奏曆日為天下臣民之本。凡婚娶等事，但觀
覽時憲書，官本以為選日擇吉之用，私曆通書谷

行嚴草在案，何以文武士民尚依通書舊日訛傳

而不遵現今新頒之時憲自取罪戾此查通書內

嫁娶忌吣神無魁天寮地寮天雄地雌等類紛紛。

妖言惑世誣民莫此為甚欲天監合令選擇家摘

其謬而聞之查逐年官書所載嫁娶吉日原不拘

此不將之說通書所載陽將男殤陰將女殤陰陽

俱將男女俱殤嚇人懼此良辰又忌何公煞卯公

煞何以嫁娶之後不犯陽將而男死者有之不犯

陰將而女死者有之。不犯俱將而男女俱死者有

之。或謂官書某日嫁娶奈遍書云此日有某凶煞。

不無疑惑。不知古人訂曆某日可以制凶煞而趨

祥福者方下一宜字絲毫有礙則刻一不宜字樣。

令人趨吉避凶豈肯以死亡之日為婚娶哉。

　　　選擇辨　出雪心賦

楊救貧云年月要妙少人知。年月無如造命法。蓋

造命者選成四柱八字干支純粹成格成局内藏

補龍扶山相主之義此造命之體選用取日月金
水三奇尊帝紫白三德及祿馬貴人此數者乃真
正吉星得二三個到山到向到富負然吉利又查
歲破戊己三煞方陰符劍刃月建等煞盡行退避
不相干犯乃可為全吉此造命之用也至於年方
空利諸事吉日俱要與欽天監年方曆日相合為
妙萬一不能相合可依造命通書選歲吉日用之
可也今選家不知造命之法多宗斗首奇卜之說。

殊不知斗首之説。一背正五行。與納音五行。二不
能扶龍補山相主。三則生尅舛錯吉凶無憑大不
利於造塟之家殊可恨也究其獘端始於唐時一
行銅凾經夫是經之作。一行不過因有指示故意
妙撰以愚海外者耳其間倒裝生旺反用休囚原
不可用嗣後好奇者竊取其義改頭換尾託名楊
公斗首以神其説迷致真偽難分庸愚易惑反以
斗首為精妙咸相遵從誤人不淺此非一行之咎。

乃訛傳一行者之咎也。至於奇門之說。原為出兵擇吉之用。非為造葬而設也。今一概混用殊為可笑。此皆舉一說以明之。尚有謬論甚多難以盡述。惟在高明者細閱楊公造命千金歌。造命宗旨全書與陰陽保鑑通書及耶律楚材劉伯溫監曆則邪正之說不待辨而自明矣終。

一

編號	類別	書名	作者	說明
32		命學探驪集	【民國】張巢雲	發前人所未發
33		澹園命談	【民國】高澹園	
34		算命一讀通——鴻福齊天	【民國】不空居士、覺先居士合纂	稀見民初子平命理著作
35		子平玄理	【民國】施惕君	
36		星命風水秘傳百日通	【民國】	
37		命理大四字金前定	題【晉】鬼谷子王詡	源自元代算命術
38		命理斷語義理源深	心一堂編	稀見清代批命斷語及活套
39–40		文武星案	【明】陸位	失傳四百年《張果星宗》姊妹篇 千多星盤命例 研究命學必備
41	相術類	新相人學講義	【民國】楊叔和	失傳民初白話文相術書
42		手相學淺說	【民國】黃龍	民初中西結合手相學經典
43		大清相法	心一堂編	
44		相法易知	心一堂編	重現失傳經典相書
45		相法秘傳百日通	心一堂編	
46	堪輿類	靈城精義箋	【清】沈竹礽	
47		地理辨正抉要	【清】沈竹礽	
48		《玄空古義四種通釋》《地理疑義答問》合刊	沈瓞民	沈氏玄空遺珍
49		《沈氏玄空吹虀室雜存》《玄空捷訣》合刊	沈瓞民	玄空風水必讀
50		漢鏡齋堪輿小識	【民國】查國珍、沈瓞民	
51		堪輿一覽	【清】孫竹田	失傳已久的無常派玄空經典
52		章仲山挨星秘訣(修定版)	【清】章仲山	章仲山無常派玄空珍秘 門內秘本首次公開
53		臨穴指南	【清】章仲山	沈竹礽等大師尋覓一生末得之珍本!
54		章仲山宅案附無常派玄空秘要	【清】章仲山	
55		地理辨正補	【清】朱小鶴	玄空六派蘇州派代表作
56		陽宅覺元氏新書	【清】元祝垚	簡易·有效·神驗之玄空陽宅法
57		地學鐵骨秘 附 吳師青藏命理大易數	【民國】吳師青	釋玄空廣東派地學之秘 空秘訣
58–61		四秘全書十二種(清刻原本)	【清】尹一勺	玄空湘楚派經典本來面目 有別於錯誤極多的坊本